This Book Belongs To :

_____

A   a

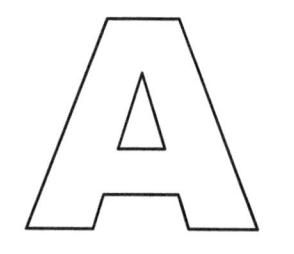

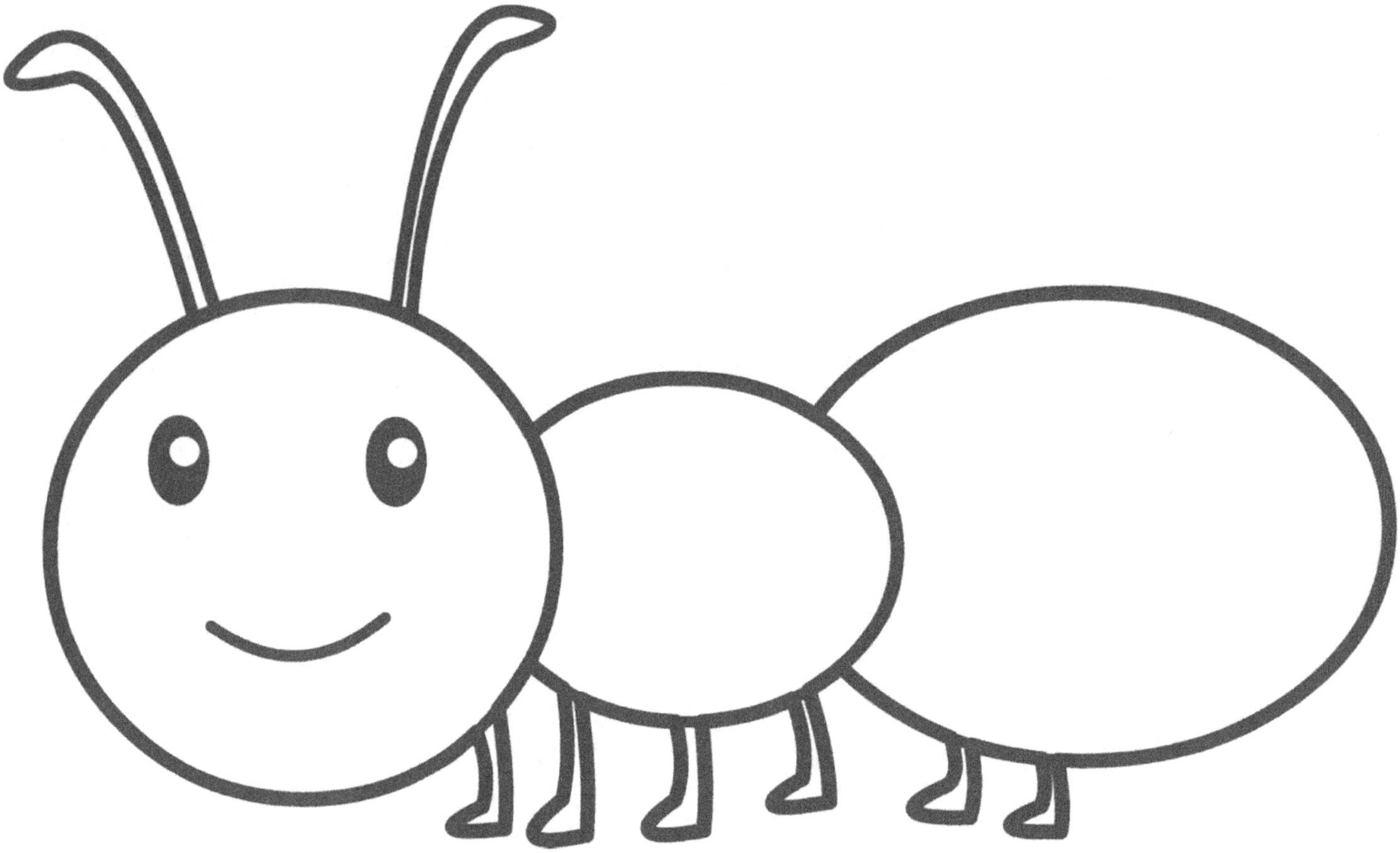

ANT

A A A

a a a

Ant

B b

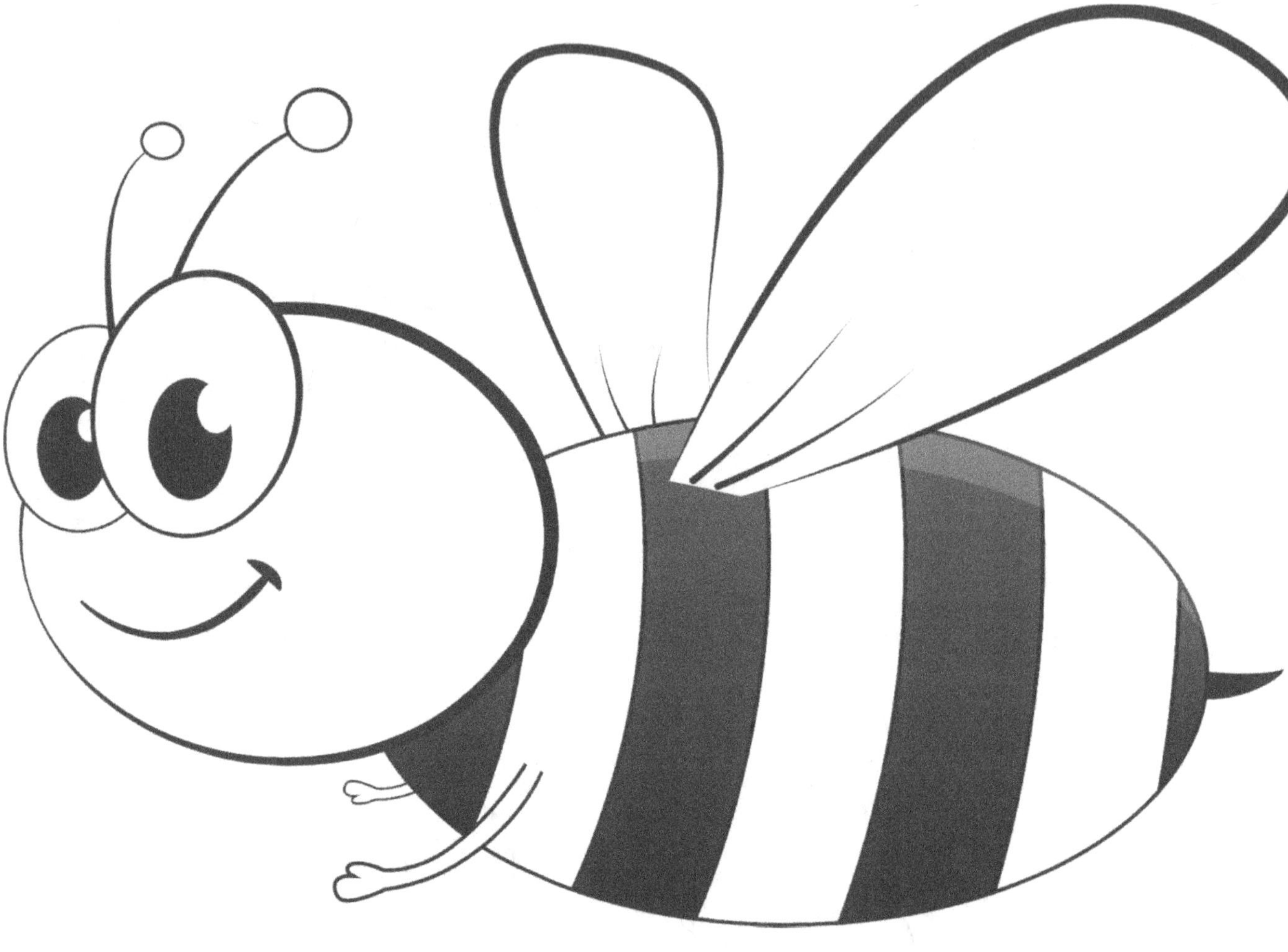

BEE

B B B

b b b

Bee

C   c

CAT

C C C

C C C

Cat

D 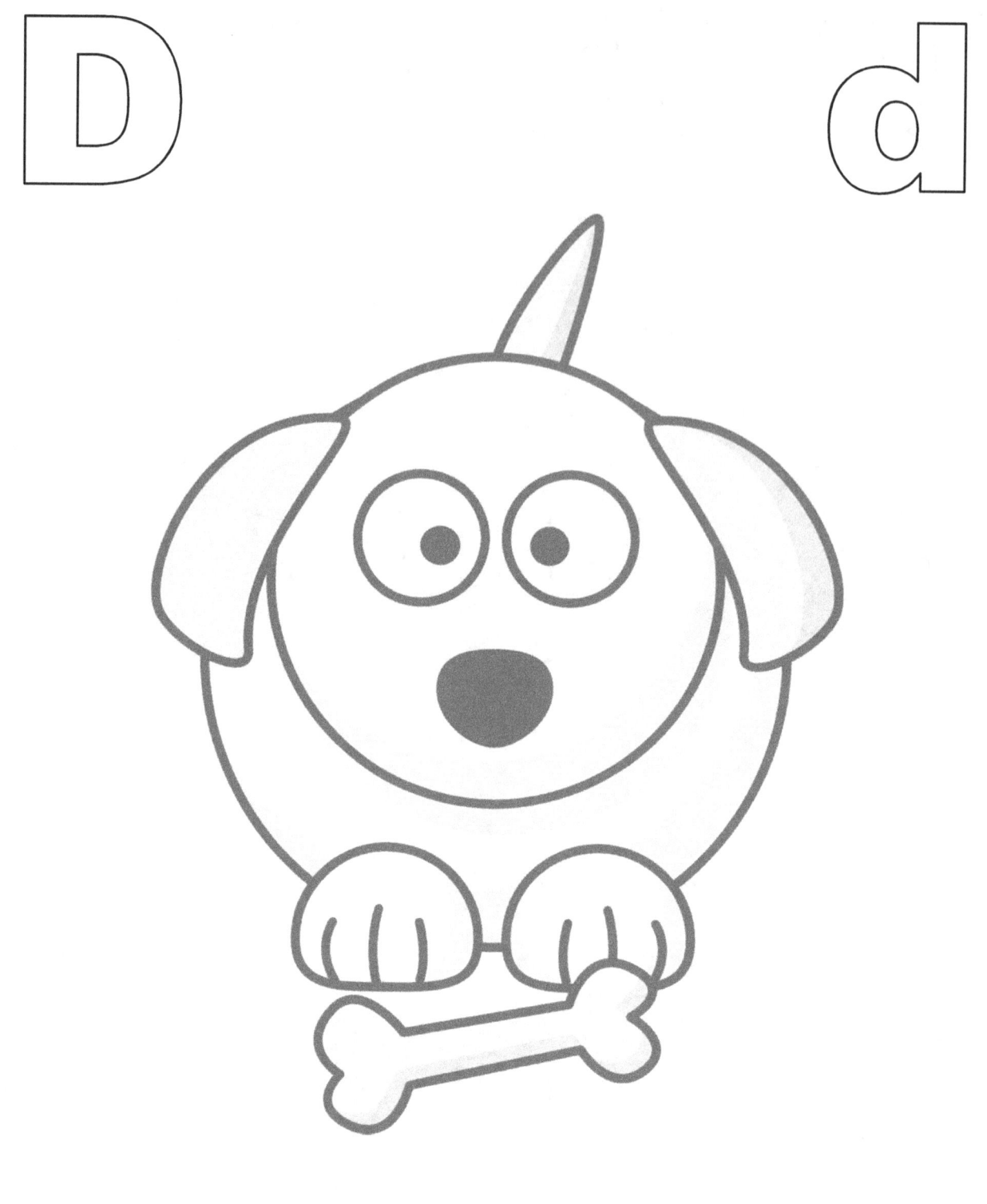 d

DOG

D D D

d d d

Dog

E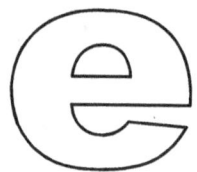

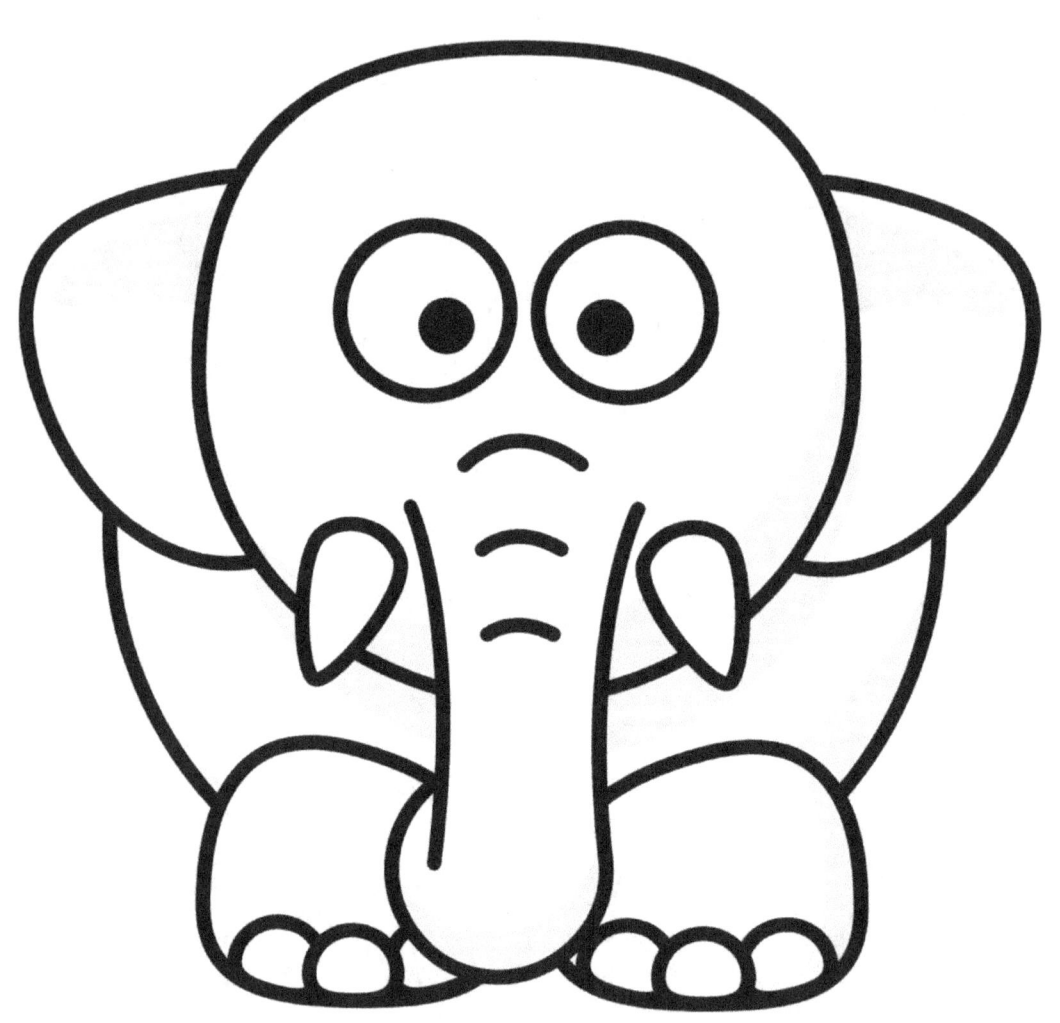

ELEPHANT

E E E

e e e

Elephant

F f

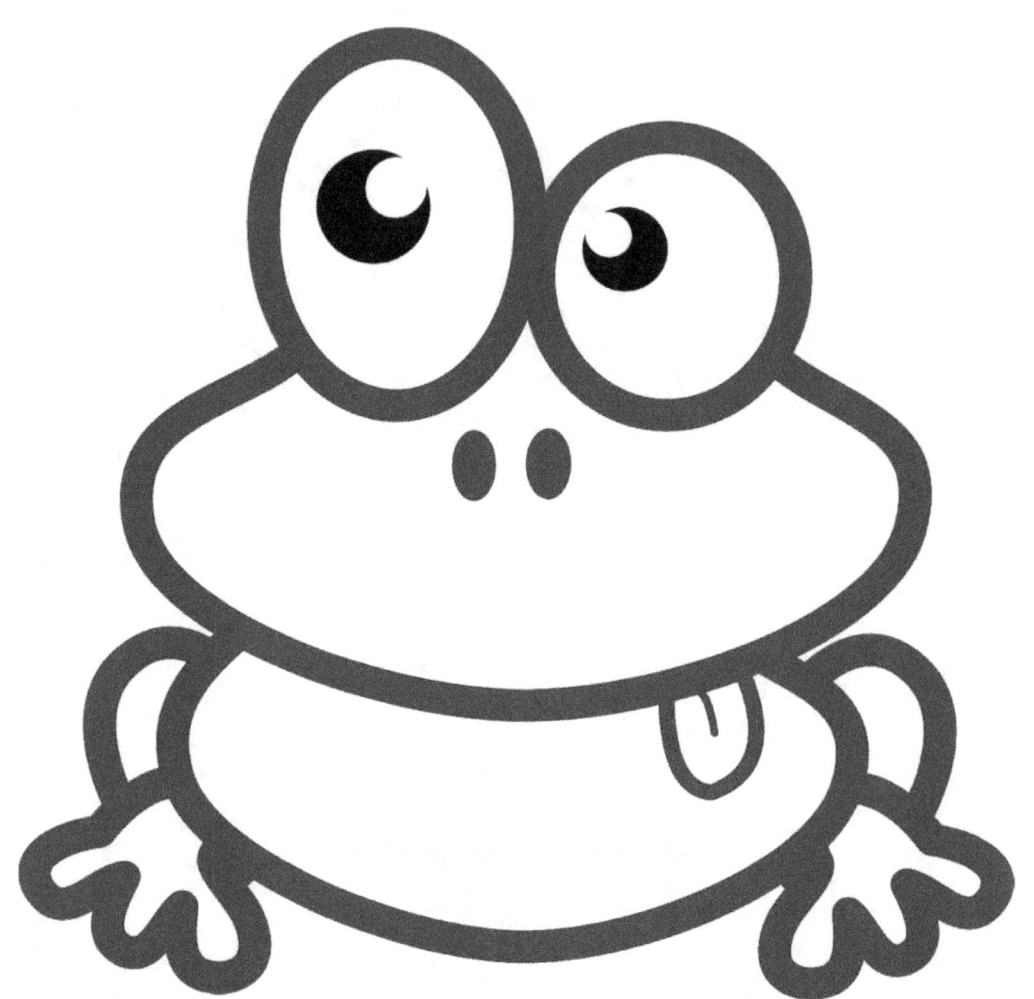

FROG

F F F

f f f

Frog

G   g

GIRAFFE

G G G

g g g

Giraffe

H h

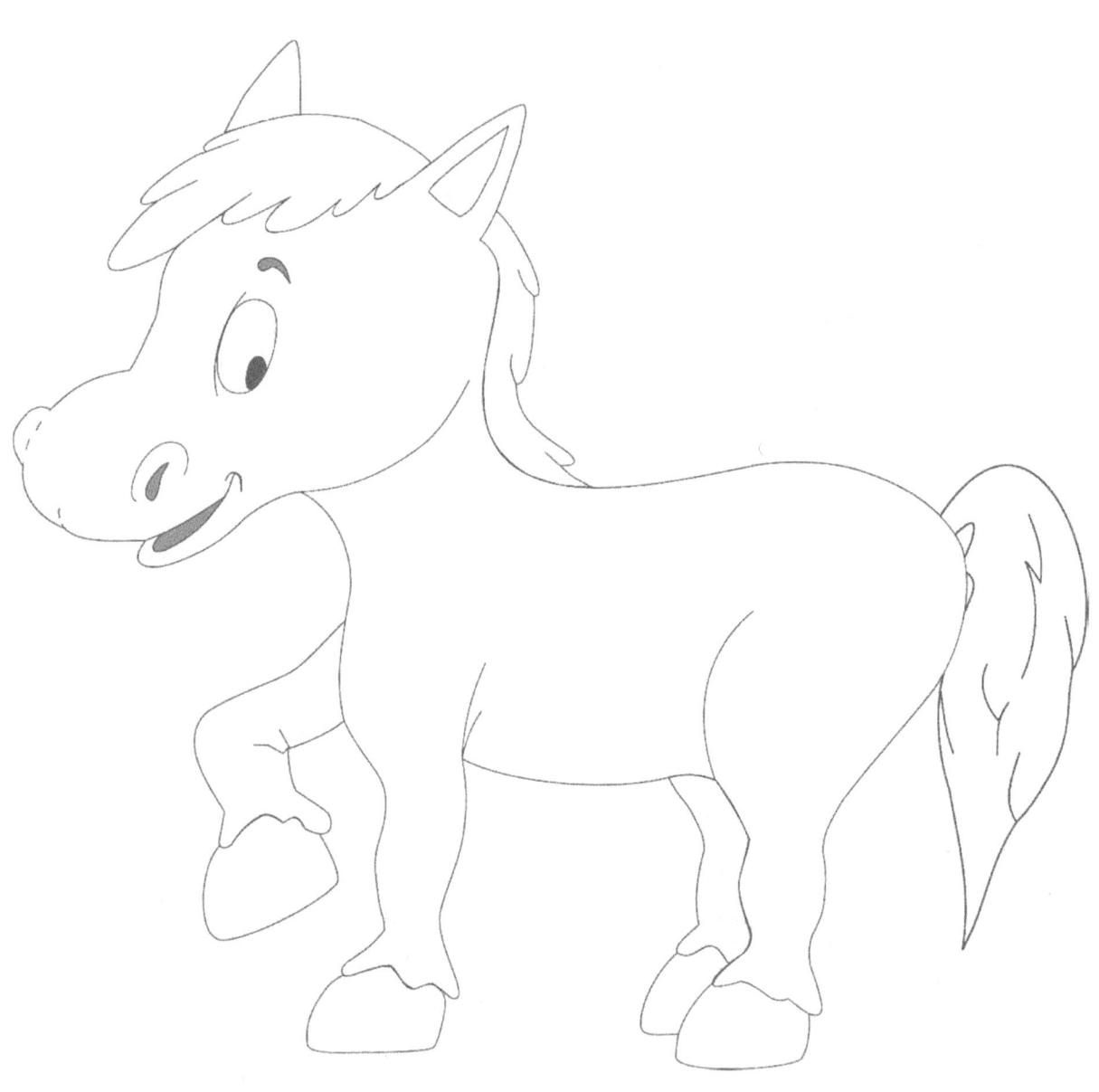

HORSE

H H H

h h h

Horse

I　　　i

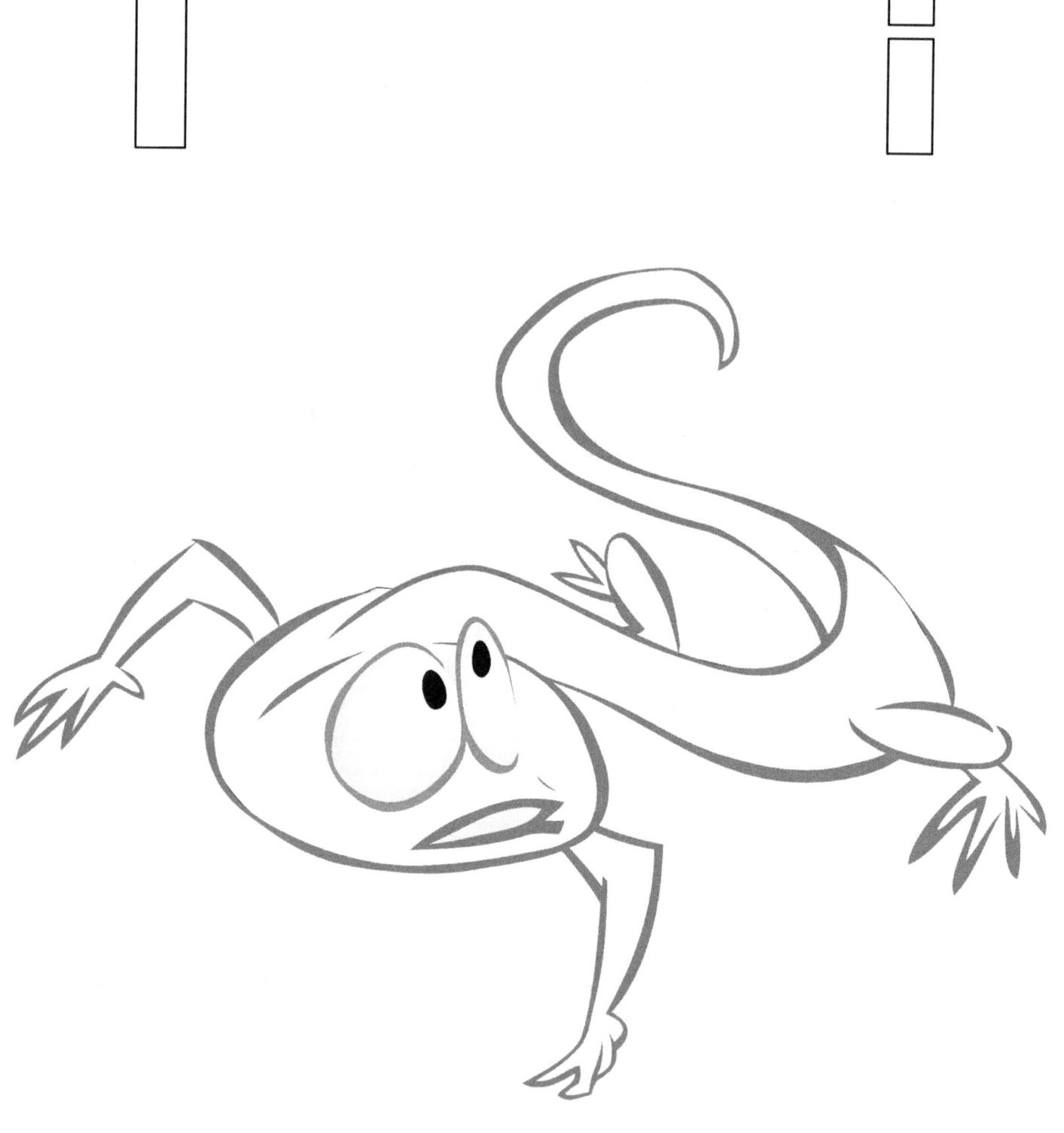

IGUANA

I I I

i i i

Iguana

J j

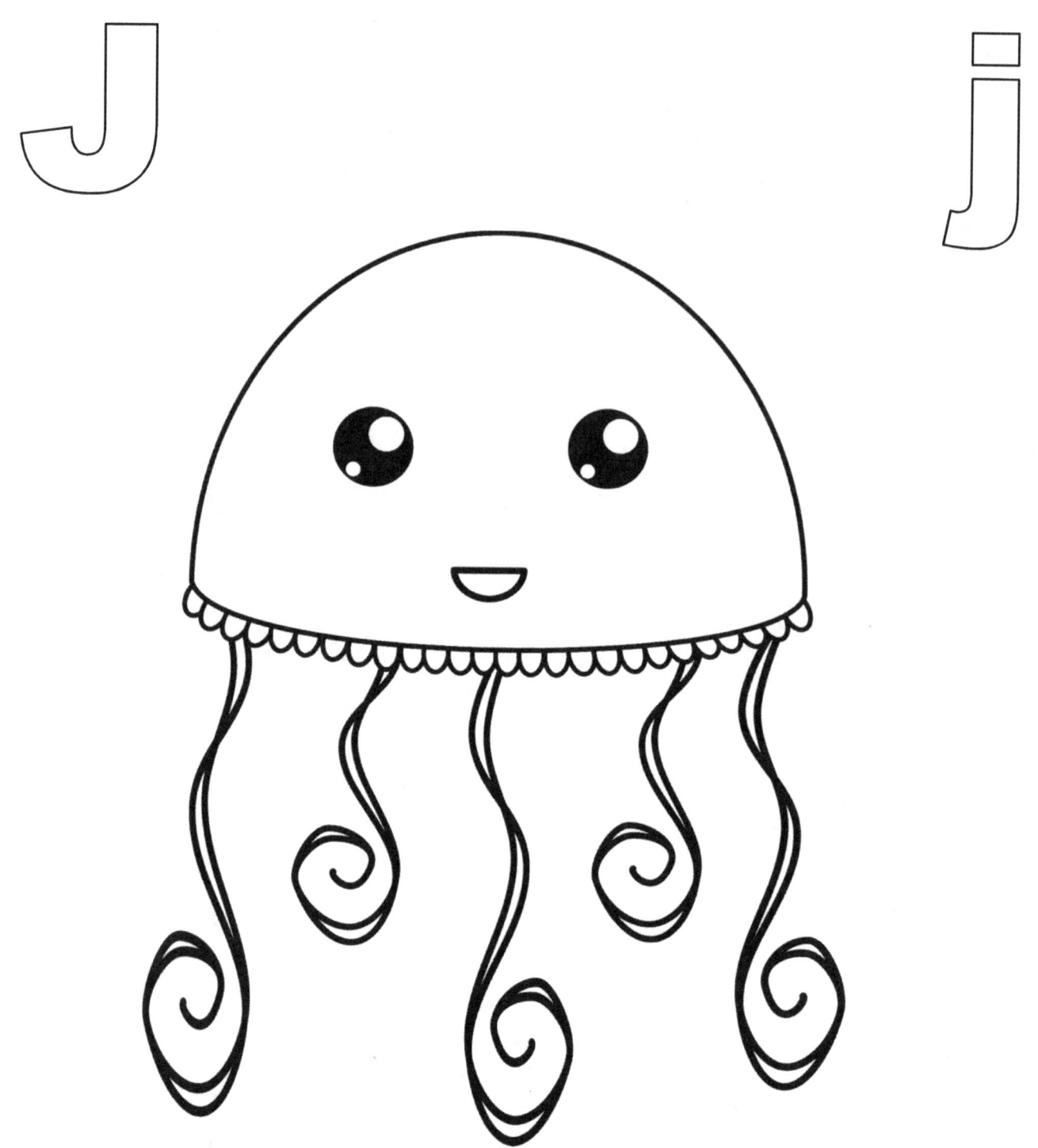

JELLYFISH

J J J

j j j

Jellyfish

K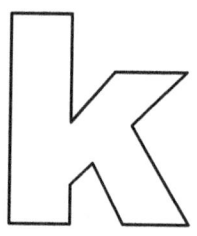

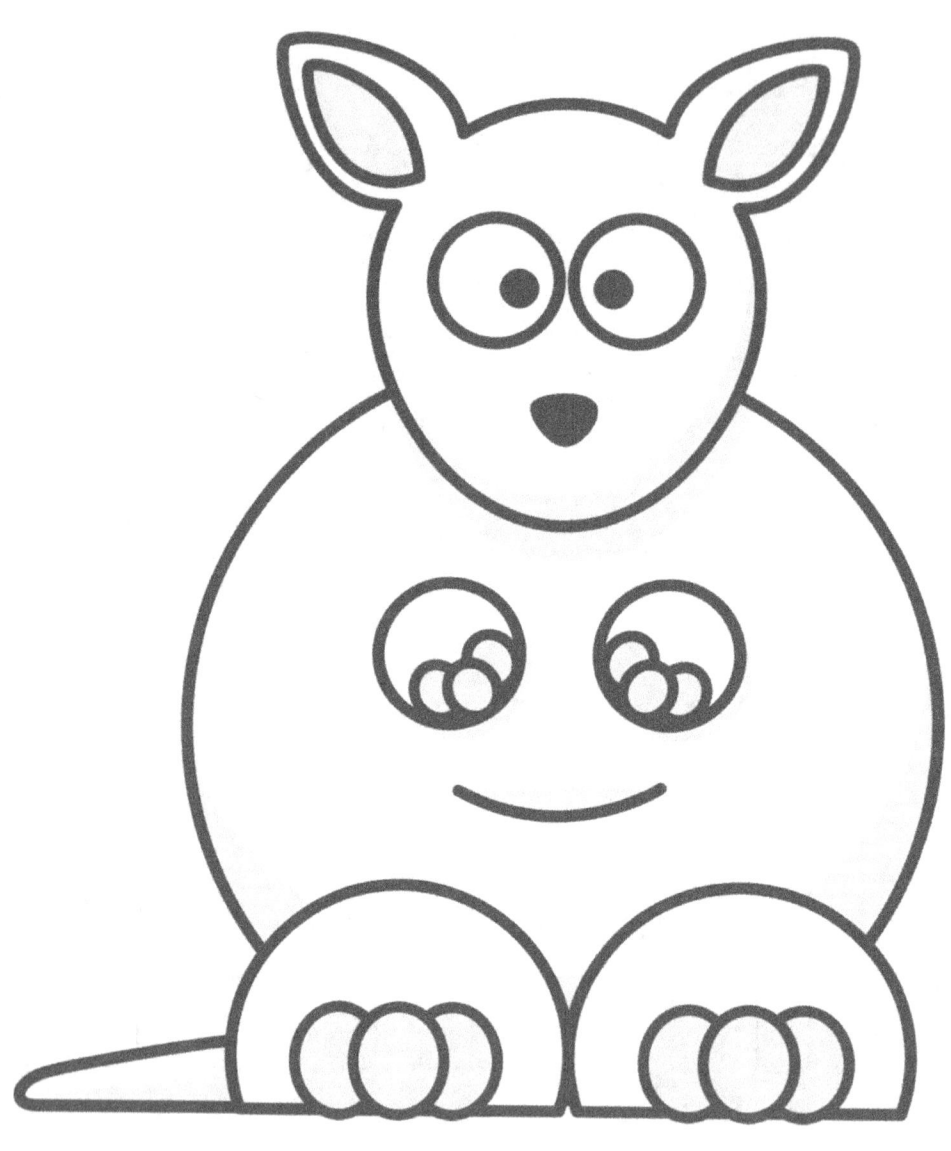

KANGAROO

K K K

k k k

Kangaroo

L   I

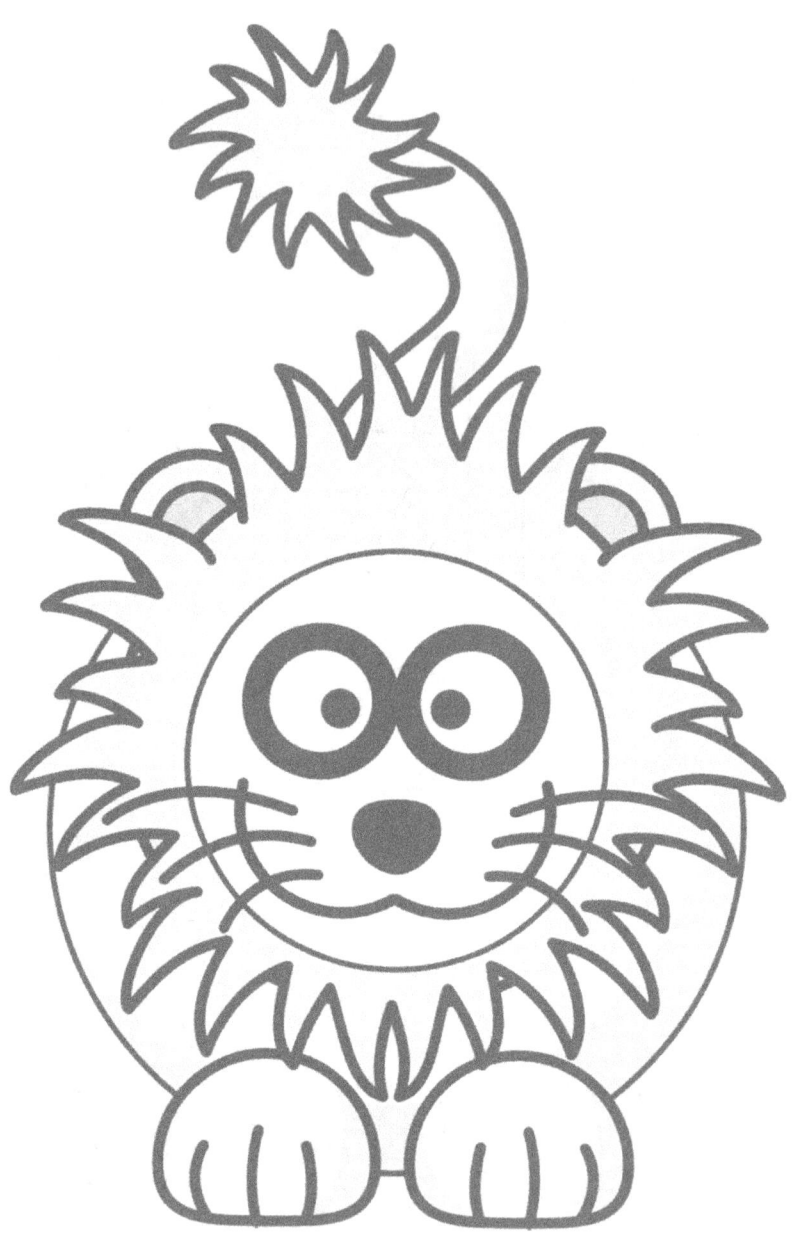

LION

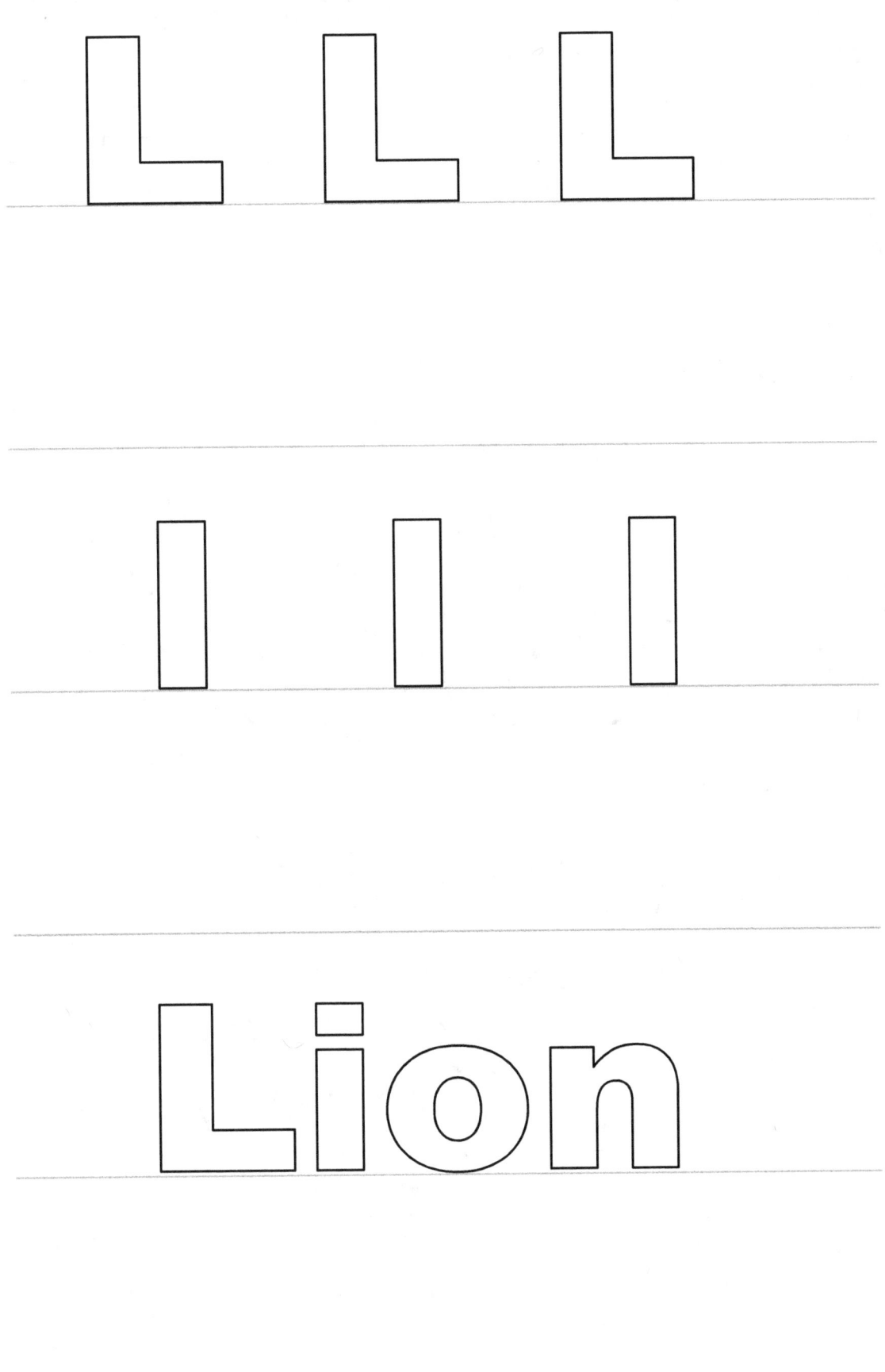

M m

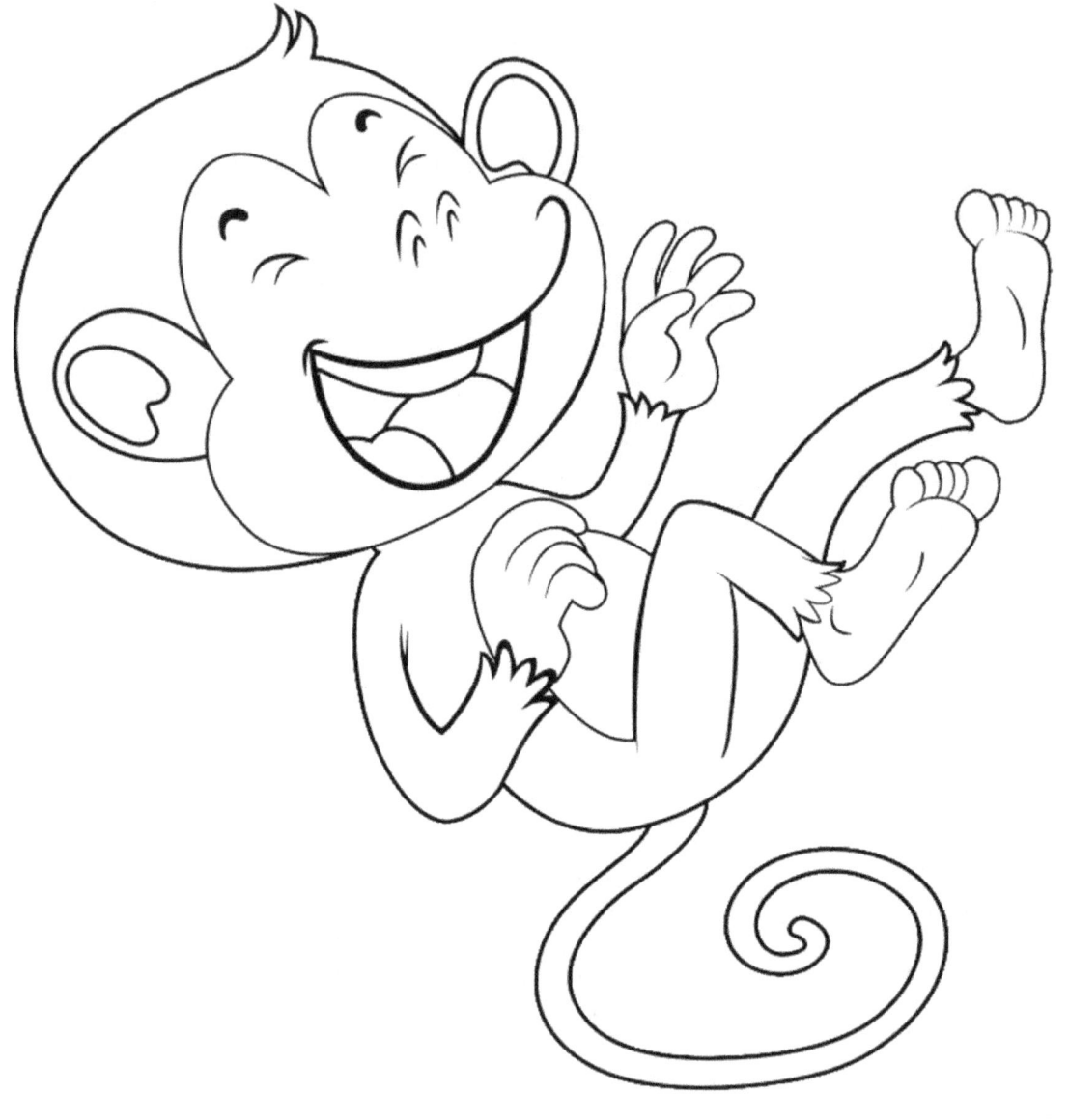

MONKEY

M M M

m m m

Monkey

N n

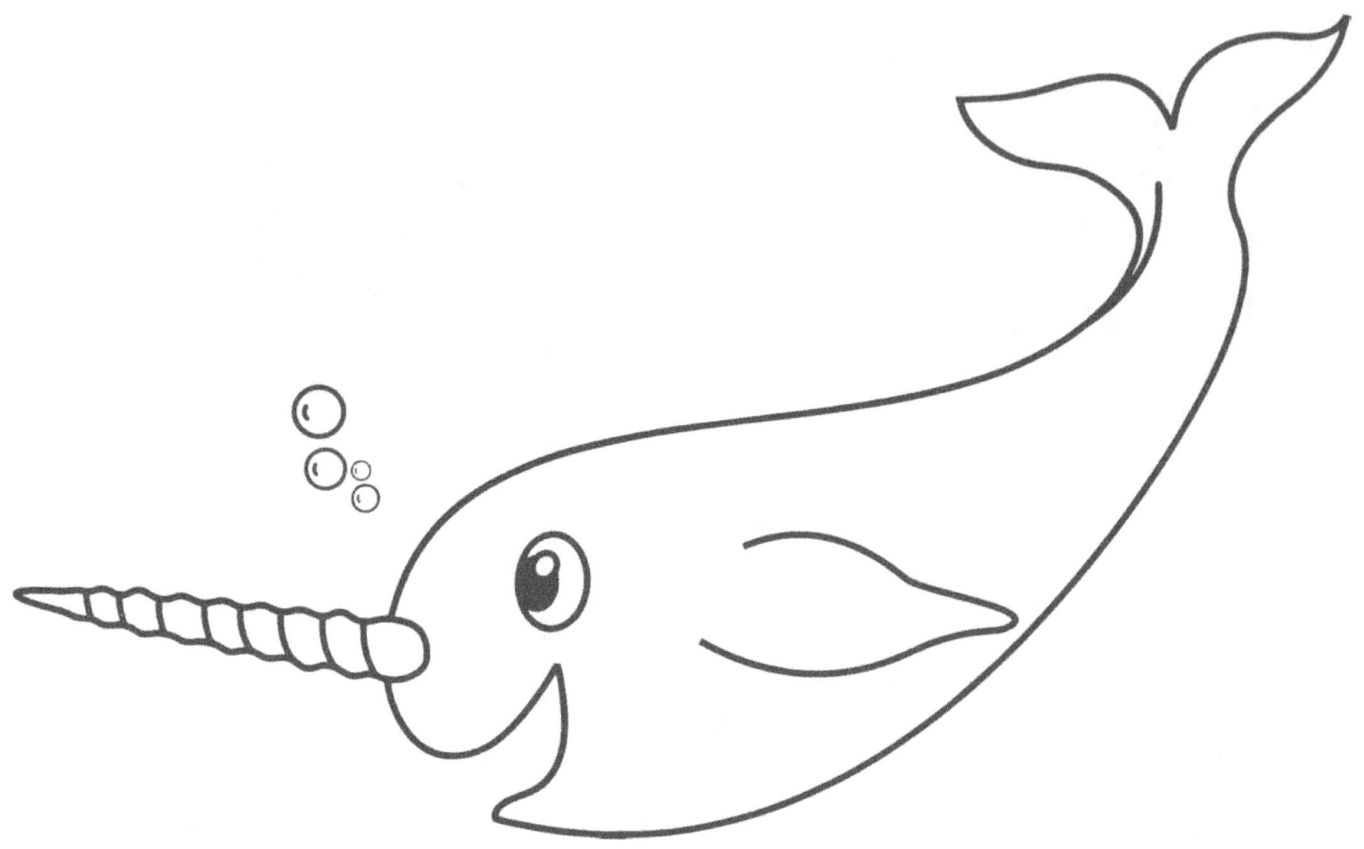

NARWHAL

N N N

n n n

Narwhal

O o

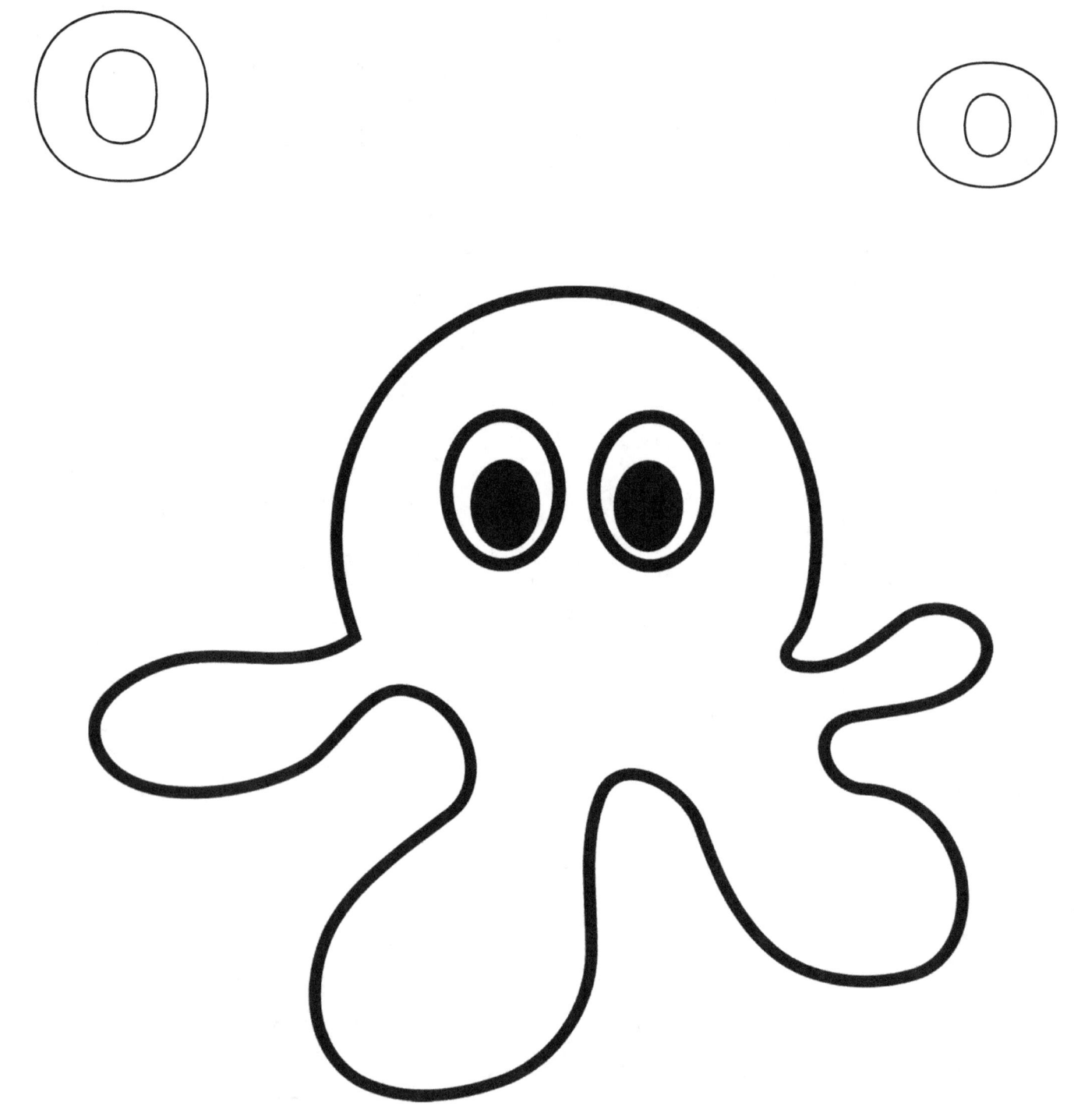

OCTOPUS

O O O

o o o

Octopus

P p

PARROT

P P P

p p p

Parrot

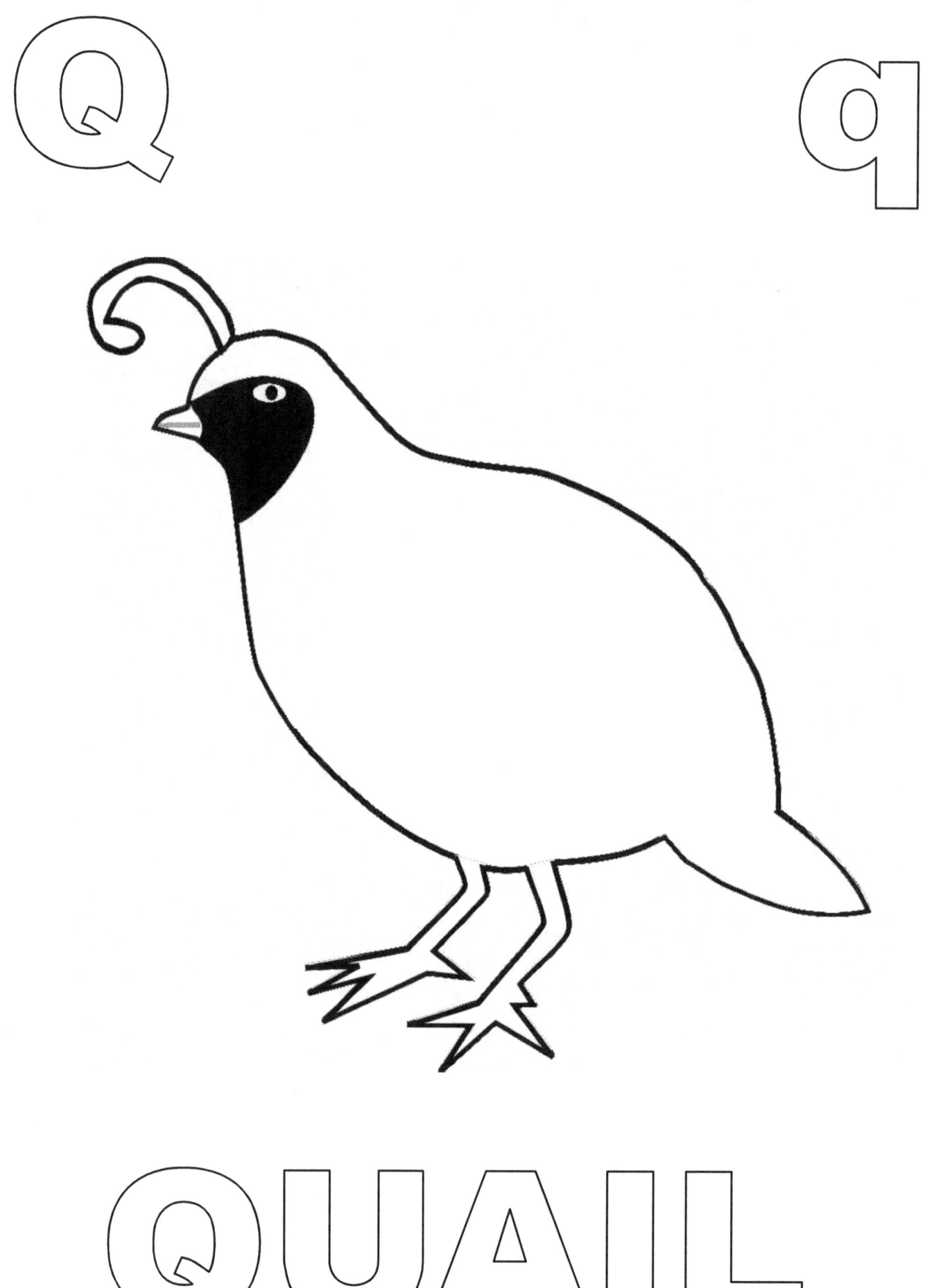

Q Q Q

q q q

Quail

R   r

RABBIT

R R R

r r r

Rabbit

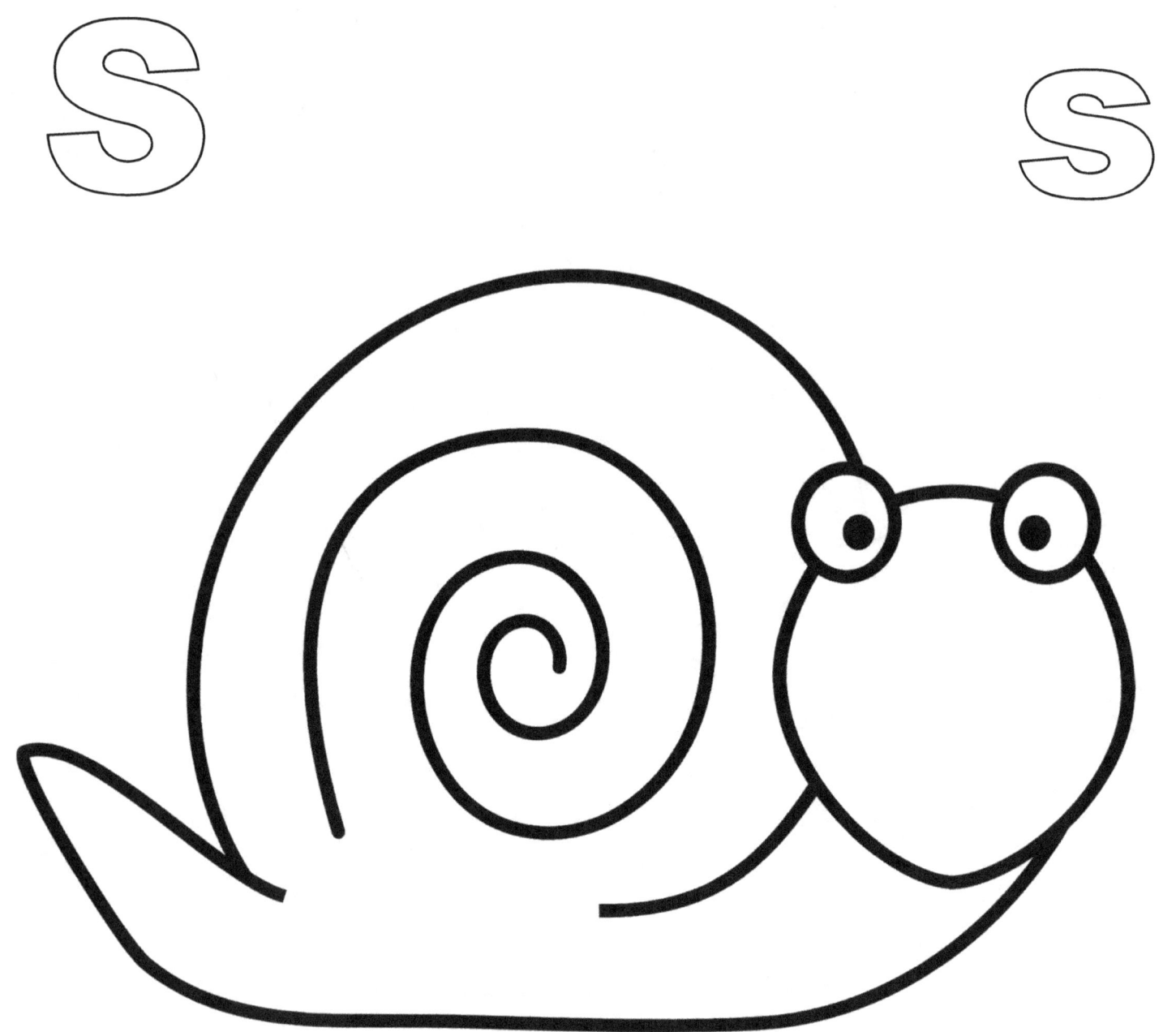

S S S

s s s

Snail

T t

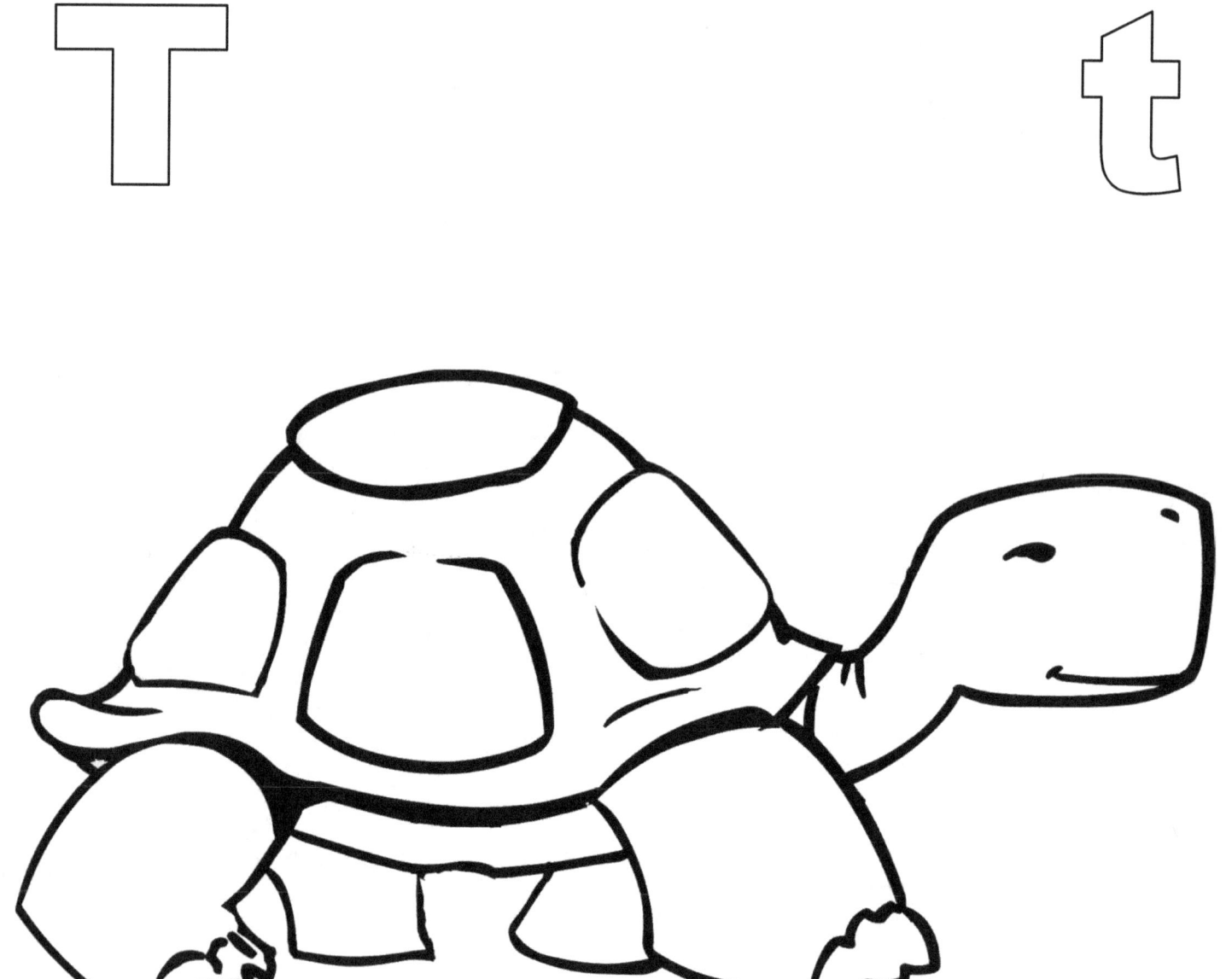

TURTLE

T T T

t t t

Turtle

U   u

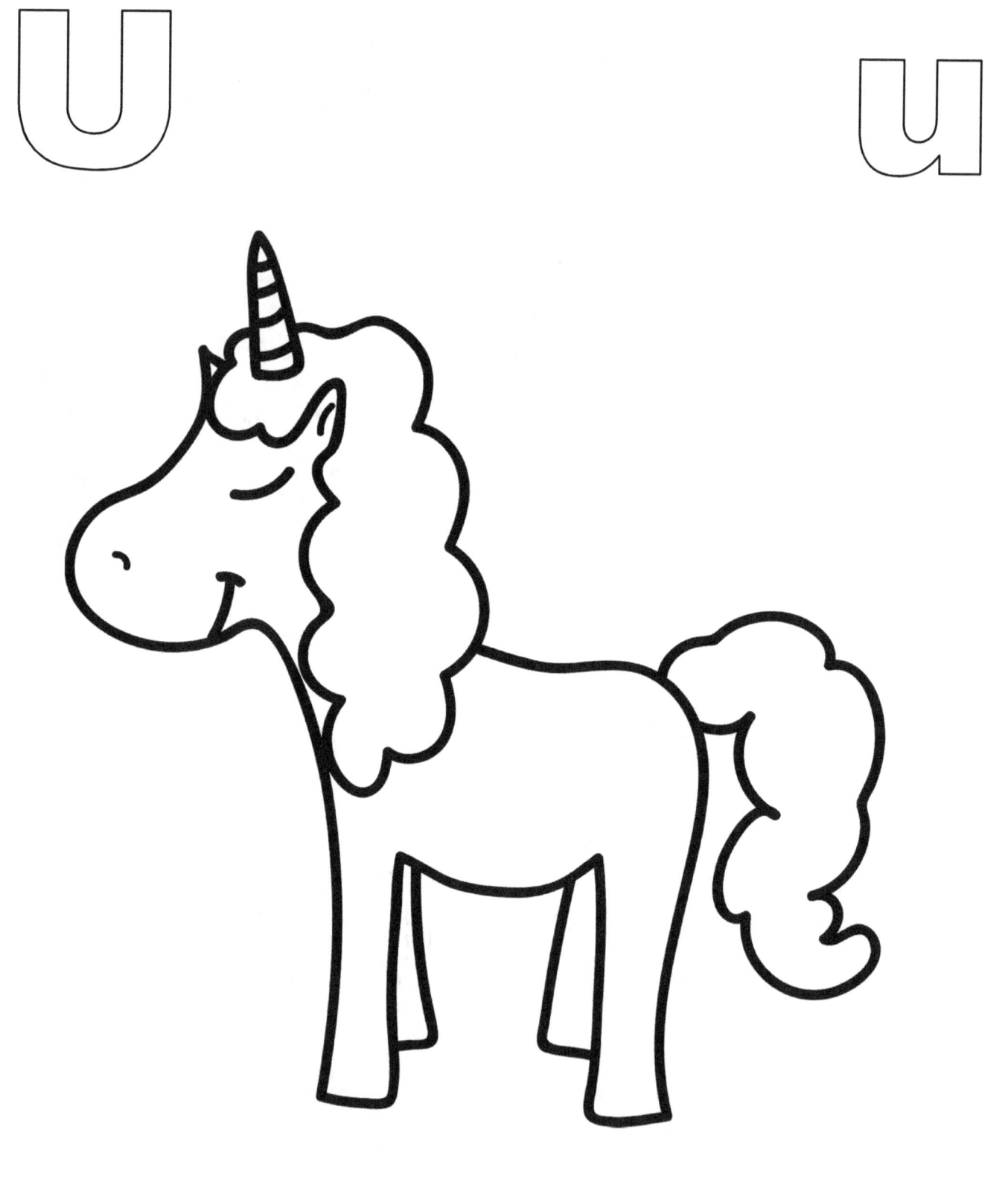

UNICORN

U U U

u u u

Unicorn

 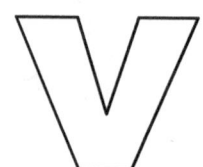

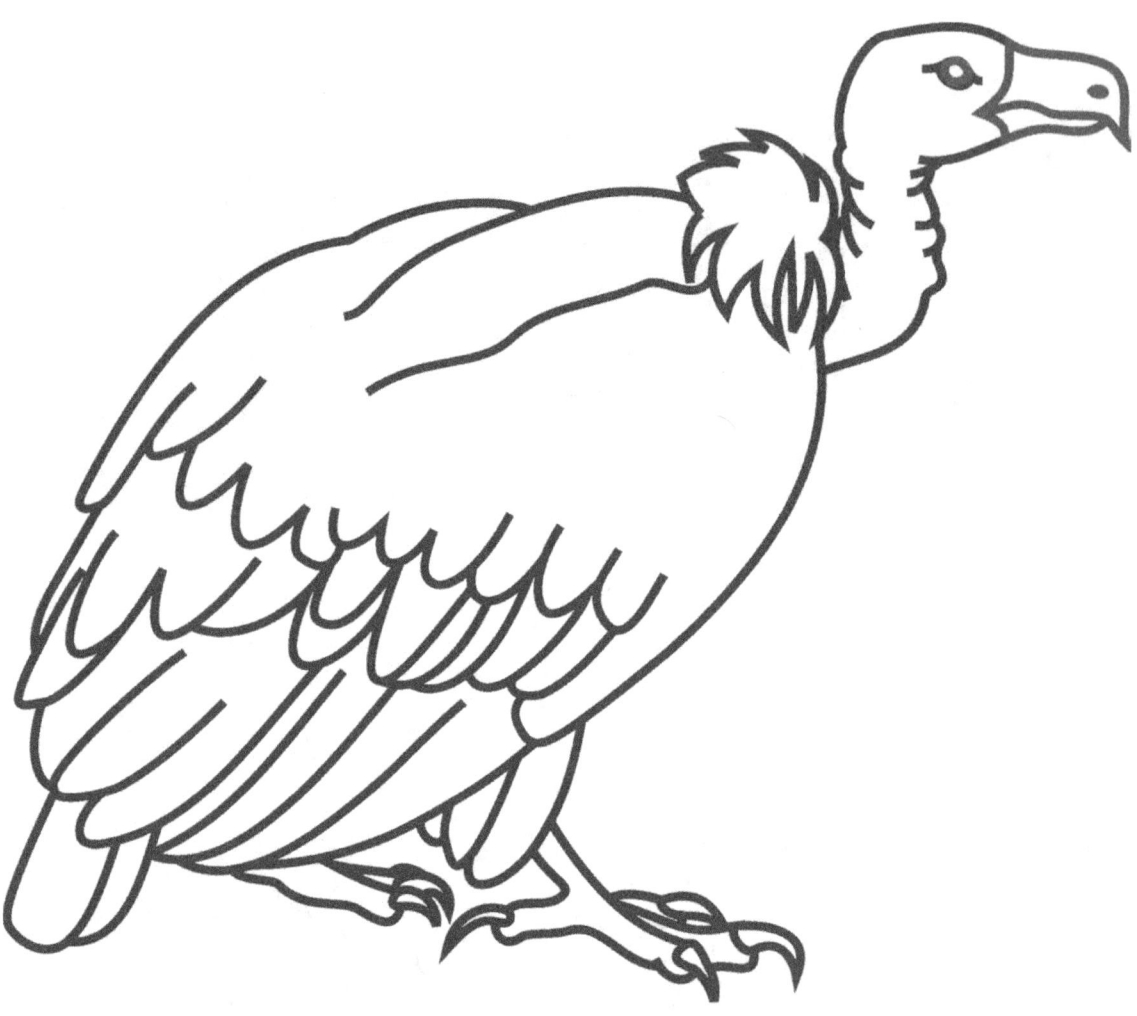

VULTURE

V V V

v v v

Vulture

W w

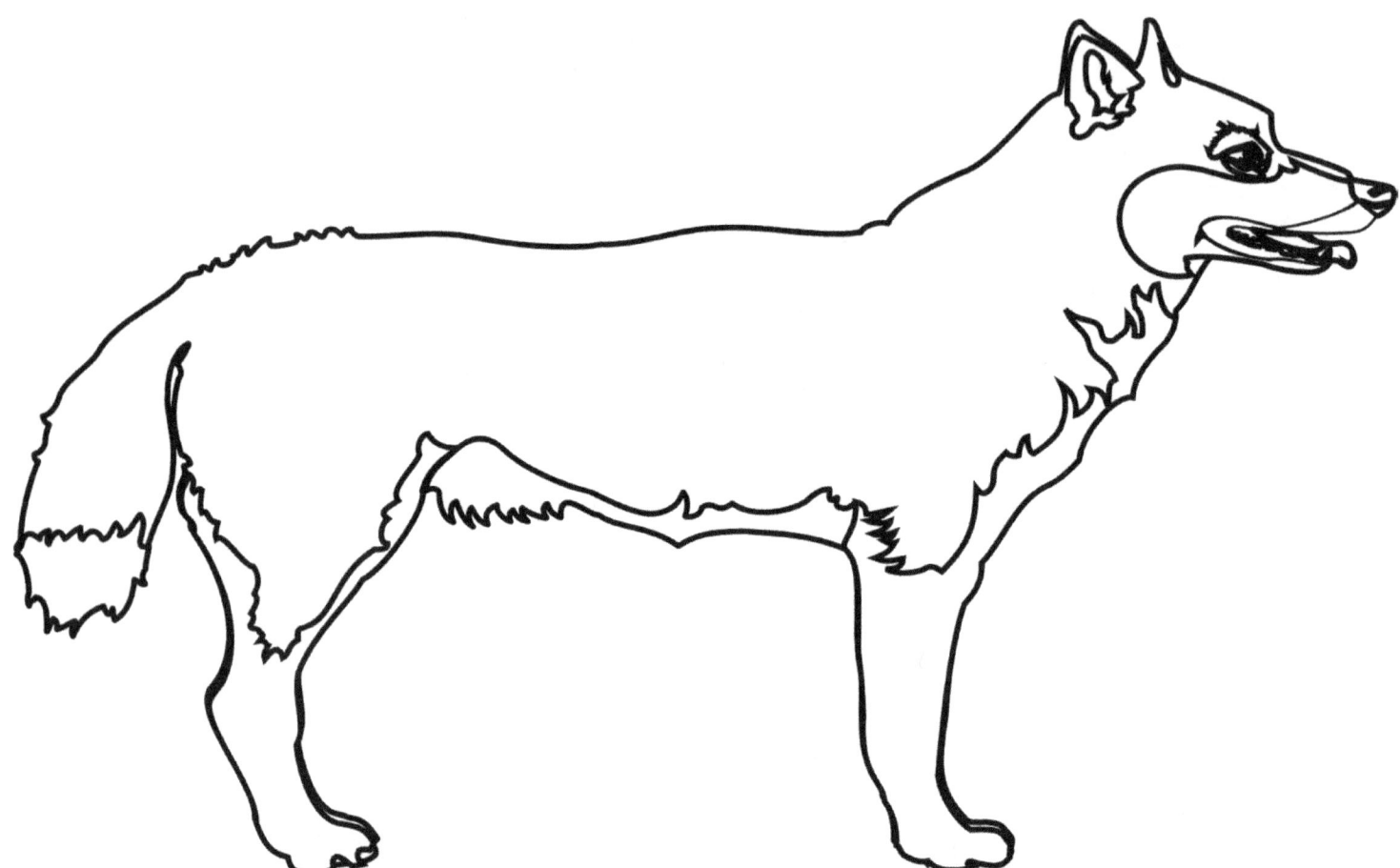

WOLF

W W W

w w w

Wolf

X x

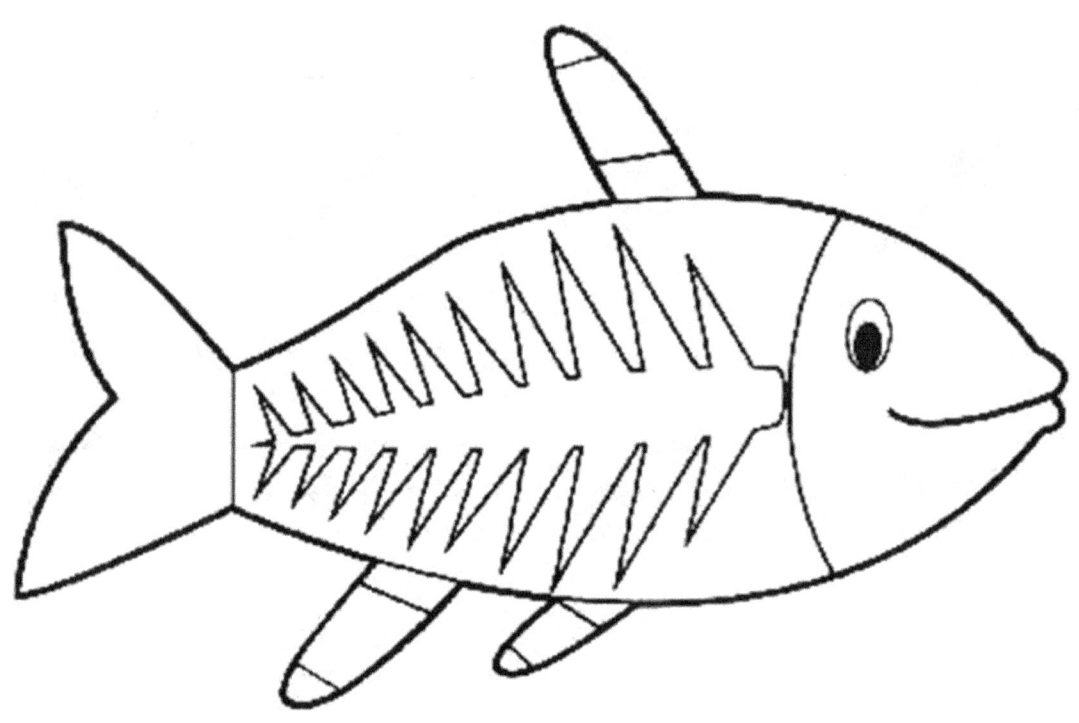

X-RAY FISH

X X X

x x x

X-ray fish

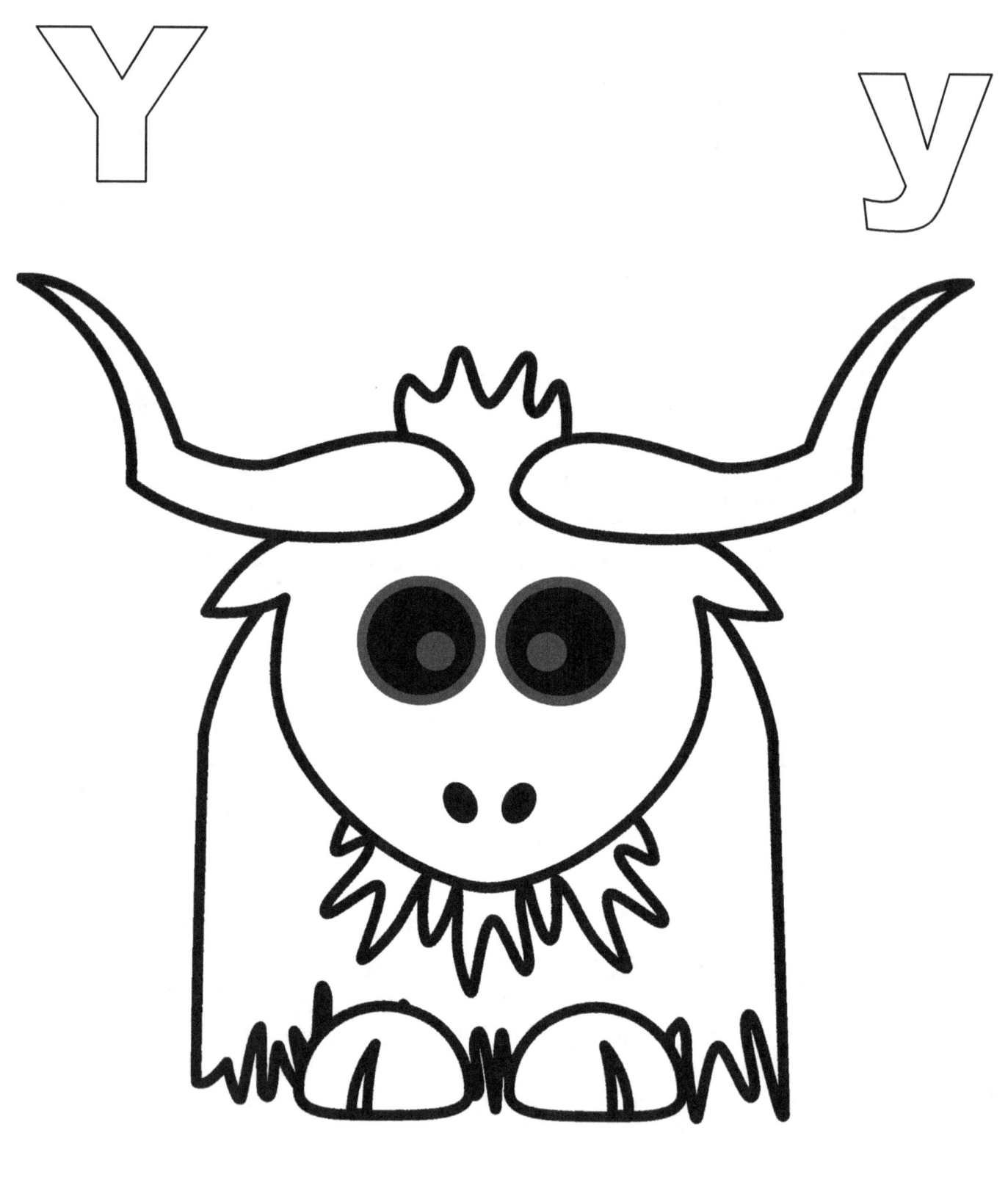

Y Y Y

y y y

Yak

Z z

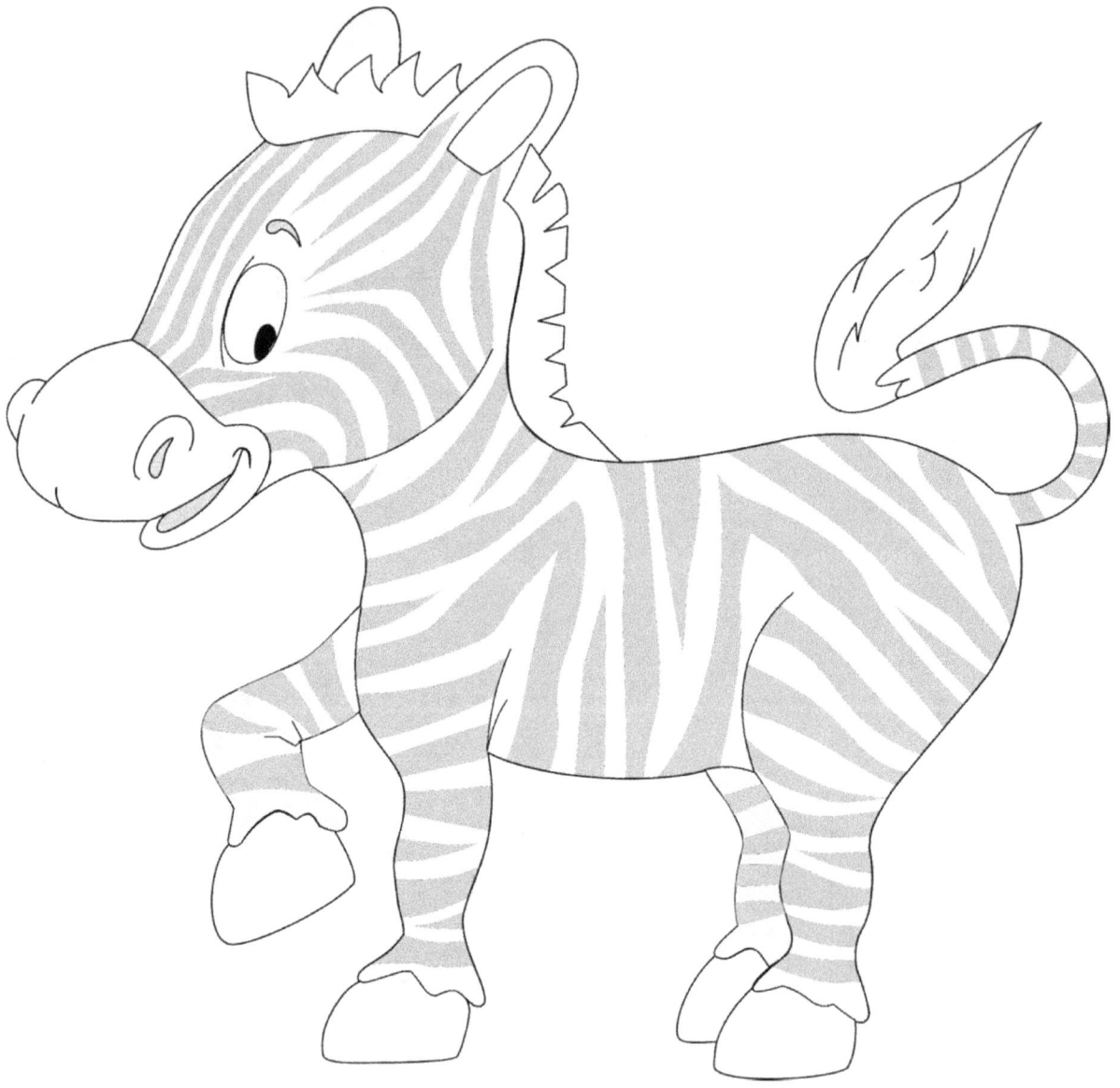

ZEBRA

Z Z Z

z z z

Zebra

www.ingramcontent.com/pod-product-compliance
Lightning Source LLC
Chambersburg PA
CBHW081102240526
45465CB00026B/3274